행동정치학의 이해

행동정치학의 이해

발행일　　2025년 9월 9일

지은이　　진승범
펴낸이　　손형국
펴낸곳　　(주)북랩

출판등록　2004. 12. 1(제2012-000051호)
주소　　　서울특별시 금천구 가산디지털 1로 168, 우림라이온스밸리 B동 B111호, B113~115호
홈페이지　www.book.co.kr
전화번호　(02)2026-5777　　　　　　　　팩스　　(02)3159-9637

ISBN　　　979-11-7224-839-0 03340 (종이책)　　　　979-11-7224-840-6 05340 (전자책)

작가 연락처 문의 ▸ ask.book.co.kr

작가 연락처는 개인정보이므로 북랩에서 알려드릴 수 없습니다.

(주)북랩 성공출판의 파트너

북랩 홈페이지와 SNS에서 다양한 출판 솔루션을 만나 보세요!

홈페이지 book.co.kr　•　**블로그** blog.naver.com/essaybook　•　**출판문의** text@book.co.kr
카톡채널 북랩

사회심리학자가 제시하는 새 시대의 정치 이론

행동정치학의 이해

진승범 지음

21세기의 정치는 어떠해야 하는가
그 물음에 대한 사회심리학자의 명쾌한 해답!

북랩

서문

『행동정치학의 이해』라는 본 정치심리학 책을 내는 배경은 기존의 정치심리학이 사후분석적 이론에만 매달려 21세기 정치 현실과 정치가의 행동이 어떠해야 하는지에 관한 설명이 부족했던 데 있다.

정치가들은 국민의 기대와 염원 그리고 바람에 따라 행동해야 한다는 것이 행동정치학이 필요한 이유이다.

지금은 고학력 사회로, 국민이 정치에 대해 해박할 뿐 아니라 정치가의 행동에 대한 일련의 기대 심리를 갖고 있다. 그리고 정치가는 이러한 국민의 기대를 저버리지 않고, 국민이 원하는 정치를 자신의 리더십 스타일대로 연기하듯이 정치를 해야 할 의무를 갖고 있다.

만일 정치가들이 국민의 기대대로 행동하지 않는다면, 국민들은 스트레스를 받고 정치가를 싫어하게 되거나 심지어는 정치가를 바꾸려고 투표 행동을 할 수 있다는 점이다.

정치가들은 마치 버스나 기차 그리고 지하철처럼 공공의 대상이므로 제시간에 오지 않거나 제멋대로 정치를 하다가는 국민에게 스트레스를 받게 하여, 정치가는 소외되고 정권이 바뀌거나 하는 정치 현상이 벌어지게 될 것이라는 점을 강조하고 싶다.

2025년 9월
진승범

제1장

행동정치학의 개념

1

행동정치학이란

우리는 국민을 위한, 국민에 의한 국민의 정치라는 민주주의의 이상을 알고 있다. 바로 이러한 국민 정치의 요점은 국민의 기대에 따라 연기하듯이 스토리보드나 에피소드를 가지고 정치하는 방식이라고 상상해볼 수 있을 것이다.

아주 쉽게 예를 들어보면, 우리는 인간관계에서 일종의 기대를 가지고 만남을 가지거나 행동해주기를 바란다. 친구들이 나의 기대대로 행동해주면 나는 그 친구를 좋게 생각하고, 내 기대를 좌절시키면 그를 싫어하거나 나의 기대대로 행동해주기를 설득할 것이다.

그래서 정치가들은 항상, 국민이나 지역구민이나 시민이 정치

가에게 무엇을 기대하는지에 대해 여론조사를 하거나 자문자답
을 하는 반성이 필요하다는 점을 잘 알고 있을 것이다.

이것이 국민의 기대에 따라 행동하는 정치가의 행동 방식이라
고 말할 수 있을 것이다.

그래서 우리의 인간관계는 일종의 기대 심리를 포함하는 행동
의 스토리보드나 에피소드가 나의 기대를 벗어나지 않는 방향에
서 결정되고 행동하기를 원하는 것이다.

그렇지 않다면 우리는 기대 좌절을 느끼고, 공격하거나, 스트
레스를 받거나, 나의 기대대로 행동하도록 다양하게 설득하게 될
것이다.

여기서 행동의 핵심은 상호간에 갖고 있는 기대 심리이고, 우
리는 그의 행동을 분석하여 나에게 갖고 있었던 기대를 파악하
게 될 것이다.

2

행동정치학의
절대 가설

다니엘 케너먼은 "경제행동은 국가, 기업 그리고 소비자(가계)의 기대 심리에 의한다"라는 행동경제학의 절대 가설을 내세웠다.

이를 응용하면, 행동정치학의 절대 가설은 "정치가나 유권자의 정치행동은 기대 심리에 의한다"라고 할 수 있다.

정치가들은 이러한 기대 심리를 분석해서, 일련의 스토리보드나 에피소드를 가지고 사극의 연기자가 연기나 연극을 하듯이 현실 정치를 해나가는 것을 상상해볼 수 있을 것이다.

그럼 정치가들은 국민의 기대를 어떤 방식으로 알게 되고, 정치가는 어떤 식으로 정책을 짜고, 연기하듯이 정치를 하여야 할까?

행동정치학에서 특정 정치인에 대한 태도와 기대를 분석해보면 다음과 같다.

증오 ← 혐오 ← 비호감 ⇐ 중립이나 무관심 ⇒ 호감 → 선호 → 최선호

관심 → 어떤 기대 심리: 영화배우처럼 매력 있는 정치인, 따뜻한 인상이나 이미지의 소유자, 정이 많을 것 같은 정치인

부정적인 관심: 비호감 | 부정적인 측면에 관심: 그 요인들
긍정적인 관심: 호감 | 긍정적인 측면에 관심: 그 요인들

호감 → 어떤 기대: 영화배우처럼 매력 있는 정치인, 따뜻한 인상이나 이미지의 소유자, 정이 많을 것 같은 정치인
선호 → 어떤 기대: 특정 정당의 전현직 정치인 중 서울시장 후보를 선출한다면 당신은 누구를 택할 것인가?
최선호 → 어떤 기대: 특정 정치인이 해주길 기대하는 정치는 무엇이어야 하는가?

정치가의 일거수일투족에 국민은 일정한 기대를 하며, 좌절을 느끼면 공격하거나, 정치 피로도나 정치 스트레스를 줄이기 위해 대체 정치인을 모색한다는 점은 21세기 행동정치학의 중요한 기초로 보인다.

그래서 정치가들은 국민이나 지역구민이 나에게 도대체 무엇

행동정치학의 이해

을 기대하는지를 항상 묻고 자문자답을 하면서 여론 정치를 해야 한다는, 국민의 기대에 의한 행동정치학이 유행하는 것으로 보인다.

국민에 의한, 국민을 위한 국민의 정치의 핵은 국민의 기대를 저버려서는 안 된다는 점이다. 그래서 미국에서는 여론 정치를 한다.

그래서 이 Hassle(Minor Stressor)이라는 개념이 정치에 도입되어야 한다.

이 해슬(Hassles)이라는 작은 스트레스는 국민들이 버스나 기차나 배나 비행기가 제시간에 안 오거나 민원이 제시간에 처리되지 않을 때 느끼는 사소한 스트레스나 짜증나는 일들을 말하는 것이다.

그래서 국민들은 정치가를 공공인물로 보기 때문에 정치가도 공공재인 버스나 택시 그리고 비행기처럼 제시간에 오거나 민원을 처리할 때 제시간에 처리되기를 희망한다는 것과 유사하게 국민의 기대대로 정치하기를 기대한다는 점이 유사한 맥락이다.

그래서 미국식 민주국가에서는 국민들이 주로 받는 스트레스와 작고 사소한 스트레스의 원인이 무엇인지를 정확하게 알고 정치를 하여야 한다는 점을 플로리다대학교의 저명한 교수님이 지적했는데, 이러한 개념과 매우 유사한 주장을 내가 하고 싶은 것이다.

그래서 국민이 정치가로부터 받는 중요한 스트레스나 사소한 스트레스가 무엇인지 아는 것이 국민의 정치, 즉 여론 정치의 시작이라는 점이다.

국민은 정치가에 대해서 지지자이건 지지하지 않건, 일정한 기대 심리가 있다고 말할 수 있을 것이다.

예를 들어 진보 정치가는 진보 정치를, 보수 정치가는 보수 정치를 하기를 기대한다. 그런데 국민의 기대나 염원과는 엇박자를 내거나 반대로 간다면 국민들은 스트레스를 받게 될 것이고, 심지어 좌절을 느끼면 그 정치가를 다양한 수단으로 공격할지도 모른다.

그래서 다음과 같은 것이 중요하다.

행동정치학의 이해

① 국민이 특정 정치가에게 기대하는 점이 무엇인지를 파악해야 한다.

② 국민이 특정 정치가에게 받는 중요한 스트레스나 사소하고 작은 스트레스는 무엇인지를 여론조사를 통하여 아는 것이 필요하다.

③ 정치가로서 스스로의 이미지나 정체성을 어떻게 설정할지도 국민의 기대를 담은 여론조사를 통하여 미래의 정치가인 자신의 이상에 가깝게 구성해야 할지도 모른다.

④ 사회적 성인 남녀 젠더 차이에 따라 정치가의 기대에 대하여 다양한 태도 조사에 관한 여론조사를 수집하여, 남녀 차이가 중요한 쟁점이 되는 현대사회에 적용시키는 것도 중요한 여론 정치의 핵심으로 보인다.

⑤ 위에서 기술한 바대로 정치를 하기를 원한다면, 정치가들은 기본적으로 국민이나 지역구 유권자의 기대를 충족시킨 다음에라야 다음 단계의 정치적 국민이나 지역구의 기대나 염원을 가지고 정치행동을 해야 할지도 모른다.

국민들이 갖는 정치 피로도라는 용어도 사실은 정치가에 대한 기대가 좌절되었을 때 주로 느낀다는 점일 것이다.

그래서 정치가들이 일상적인 업무나 사회생활을 할 때에도 국민의 기대가 무엇인지를 아는 것은 21세기 행동정치학의 중요한 이론적 기초를 제공한다고 할 것이다.

3

선진국의 사회심리학

사회심리학은 사회과학의 기초 이론이자 응용 이론을 만들고 제공하는, 그야말로 사회과학의 기초 학문 분야로서 사회과학은 물론 인접 경영학, 법학, 인문학 분야에도 두루 응용되고 쓰이는, 문과대학에서 가장 중요한 학문이다.

한국에서는 이러한 중요성을 아는지 모르는지, 사회심리학을 정통으로 전공한 교수가 몇 사람 안 되고 연구조차 부실한 상황으로 보인다.

마침 숙명여대에 사회심리학과가 생겨서 이 분야의 전문가들은 사회과학의 여타 분야에서 필요한 이론을 만들거나 응용 가능성을 타진하고 있다. 사회심리학은 사회과학의 정치심리학, 경제심리학, 커뮤니케이션, 문학과 예술심리학, 종교심리학, 교육심리학, 상담 및 복지심리학 등에 이론을 제공할 수 있다. 이처럼 매우 중요하고도 기초적인 학문 분야다.

그런데, 아쉽게도 이 사회심리학을 정통으로 전공한 박사나 연구소가 별로 없다는 점은 대단히 큰 문제가 아닐 수 없다.

영국 사회심리학을 보면 인간관계의 심리학으로, 사회학적인 사회나 국가 간의 관계에서도 대인 관계에서 집단 간의 갈등이나 조화, 또는 국가 간의 화해와 긴장이 이루어지는데 여기에는 대인 호감과 대인 비호감 같은 태도가 중요하다.

이에 비해 미국은 개인주의 사회심리학으로, 뛰어난 개인과 위대한 개인에 초점을 맞추고 이 뛰어난 개인을 모방 학습하거나 개인주의 사회에서 개인의 이성과 합리에 관한 문제로 인한 사회문제에 초점을 맞춘다.

또한 주로 사회심리학자들이 평균 정도의 시민을 대상으로 한 각종 여론조사의 태도 분석을 하는데, 태도의 형성과 태도의 강도와 태도의 변화에 관한 응용 분야인 정치적 태도나 마케팅 그리고 홍보와 광고에서 이러한 태도의 조사나 연구 또는 태도 형성을 위한 각종 캠페인 등의 효율적인 활용에 관한 연구 분야에 관심이 많을 것이다.

예를 들어 정치적 태도 형성, 즉 미국은 좌우가 아니나 보수의 공화당, 진보의 민주당으로 나누어 정치적 태도를 형성하고 투표를 하는데 미국의 언론은 선거에서 당파를 미리 결정하고 자신이 원하는 후보자를 위해 기사를 작성한다.

그래서 정치적 태도와 언론은 일관성이 있으며, 개인들은 자신의 선택에 따라 태도를 형성하고 투표를 하는 것이다.

그래서 미국의 대통령 선거나 총선을 보면, 45~55% 지지율의 프레임에 맞춰서 강력한 홍보나 선거 캠페인으로 지지율을 끌어올리는 데 안간힘을 쓴다.

한국과 같이 바람처럼 일어나서 선거의 전체를 좌우하는 식의 선거가 아니며, 태도가 확고하지 못한 스윙보터나 스윙보터 주 지역 그리고 인종과 민중을 대상으로 정치적 태도를 굳건히 해서 우리에게 투표하리는 식의 캠페인을 한다. 보수나 진보도 아닌 5%의 중립적 선거인을 움직일 정도의 중대 변수는 거의 없는 것으로 보이며, 밑 빠진 독에 물 붓기 식으로 정치자금을 엄청나게

쓰는 비효율성의 나라가 바로 미국이다.

미국 같은 개인주의 사회에서 개인은 자신의 이익을 극대화하는 방식을 선호한다. 이에 비해 집단주의 사회에서는 집단을 위해서 개인의 희생을 강요하기도 하는데, 최근에는 거의 모든 문화권에서 집단을 위해 개인을 희생하는 전체주의는 많이 약화된 것으로 보인다.

하지만 봉건적인 중동이나 봉건적인 잔재가 남아 있는 멕시코와 남미에서 언론인을 상대로 한 테러나 살해가 비일비재한 것은 전체주의적 사고가 정치계에서는 아직도 굳건함을 알 수 있다.

그래서 미국에서 개인주의는 개인의 이익을 극대화하는 효율적인 방식이지만, 행복하지 않은 가족이나 개인을 만들 수 있다. 집단주의 방식은 개인이 집단을 위해 희생하는 대신 집단 속에서 행복과 평화가 보장되므로 잠시 집단 속에서 안빈낙도를 즐기기도 하고 쉽게 집단 속에 묻혀서 개인의 노력도 없이도 먹고살수 있으므로 여성이나 어린이 또는 실업자에게는 나쁠 것이 없는 문화이다. 그래서 대가족 제도를 선호하는 나라나 문화권 출신들은 개인주의보다 집단주의를 선호할 것이다.

행동정치학의 이해

그래서 미국이라고 해서 항상 개인주의 문화만이 능사는 아니고, 집단주의적 발상을 해야 하는 경우도 많을 것이다. 즉, 소가족주의가 아니라 대가족주의를 선호하는 미국인도 많을 것이다.

4

Social의 3차원

1차원: Interpersonal 사회심리학 – 주로 태도 형성과 분석

우연한 인간관계든 명분 있는 인간관계든 우리는 서로에게 호감과 비호감, 그리고 상대방의 마음속에 '선호하는 인간관계나 혐오하는 인간관계'라는 태도를 형성하게 된다.

극단적인 예로, 최근의 아베와 문재인의 마음속 태도는 위안부 문제 및 국가배상에 관한 문재인과 아베의 태도로 인해 국가 간의 긴장의 파고를 높게 하고, 아베는 비정하게도 일본국과 자신의 체면을 손상시키고 깎았다고 판단하여 한국 반도체 3대 소부장의 금수라는 보복을 가하여 한국을 공황장애 상태로 몰고가는데, 이 또한 문재인과 아베 간의 호감이나 비호감 같은 태도가 중요한 국제적 행동에 영향을 미친 것으로 보아야 할 것이다.

그래서 최근 윤석열과 기시다의 상호 방문과 서로 간의 호감과 국제 지도자 간 선호하는 언행은 최근 한일 간의 데탕트와 화해, 그리고 우호적인 문화 교류에 지도자의 태도가 심대한 영향을 미치고 매우 중요함을 강조하게 된다.

윤석열은 기시다의 환심을 사고 우호적이고 선호하는 태도 형성을 위해 엄청난 노력을 하였고, 일본을 방문해서도 호감 가는 행동을 많이 하려고 노력한 것으로 보아야 할 것이다.

이와 같은 국가 간의 긴장이나 화해의 물결로, 국가 지도자의 선입관이나 고정관념이나 태도는 선호나 호감으로 바꾸려는 일련의 노력과 행동을 통해 얼마든지 바뀔 수 있다는 점을 태도 변화 이론의 중요한 핵심으로 보아야 할 것이다.

[대인 관계 태도 분석표]

최선호 ← 선호 ← 호감
중립 관심
사회적 매력
흥미로운
유혹이 있는
무관심
→ 비호감 → 혐오 → 증오

2차원: InterSocial - 조화나 갈등

① 대구와 광주: 박정희와 김대중 간의 혐오와 비호감의 태도가 집단행동에 영향을 미친다는 사회심리학적 이해(이하도 똑같다).

② 부산과 광주: YS와 DJ 간의 호감과 비호감 그리고 혐오라는 태도.

③ 대전과 대구: JP와 박정희 간의 선호와 비호감이라는 태도.

3차원: InterNational - 화해나 긴장

일본과 한국, 한국과 일본의 관계를 영국 사회심리학의 관점에서 생각해보자.

앞서 언급했듯 영국 사회심리학을 보면 인간관계의 심리학으로, 사회학적인 사회나 국가 간의 관계에서도 대인 관계에서 집단 간의 갈등이나 조화, 또는 국가 간의 화해와 긴장이 이루어지는데 여기에는 대인 호감과 대인 비호감 같은 태도가 중요하다.

국가든 사회조직이든 인간관계가 모든 일의 기초이므로, 대인 관계의 태도가 집단 간의 조화와 갈등에 영향을 미친다는 영국식 사회심리학의 가설을 영국식 사회심리학 이론이라고 할 수 있을 것이다.

따라서 국가 간의 외교나 경제 문제, 그리고 군사적 충돌 등에도 국가 지도자 간의 태도가 중요한 영향을 미친다고 할 수 있다.

국가 지도자 간의 대인 호감이 높고 '브로맨스'가 강하면, 대체로 집단 간의 조화를 이루려는 노력을 많이 하게 될 것이라는 점은 자명한 가설이다.

이에 반해서 국가 지도자 간에 비호감과 혐오나 증오의 감정으로 태도가 형성되어 있다면, 집단 간의 조화는 물 건너간 것이고 갈등이 주를 이루어 증오나 혐오에 의한 군사적 충돌이나 외교적 긴장 그리고 경제석 갈등이 주를 이루는 사건들이 일어날 것이라는 점도 매우 상식적이다.

그래서 국가 간에도 대인 관계의 호감이나 비호감이 긴장이나 화해의 물결을 가져올 것이므로, 외교관이나 무역회사의 대표를 파견할 때는 반드시 이를 고려해야 할 것이다. 이 점은 매우 상식적인 영국적 심리학자의 판단이다.

국가 간의 외교관 파견이나 무역상사의 국외 사장을 보낼 때는 상대국이나 문화권에서 최선호하는 인물을 보내는 것이 매우 상식적인 관례일 것이다.

특정한 사람이나 사회문제에 대한 정치 지도자의 태도와, 부정적이거나 긍정적인 언행에 대한 사람들 사이의 평가와 그에 따른 기분, 그리고 이 기분이나 감정은 또 다른 태도를 형성한다.

즉, 어떤 상황이나 사회문제에 대한 행동 경향성을 의미하며, 어떤 상황에서 행동이 나타날지는 알 수 없지만 예측은 가능할 것이다.

일상적으로 생각해보면, 매우 상식적인 태도를 가지고, 이성적이고 합리적인 행동을 할 것이라고 예측할 수 있지만, 만일 그렇지 않은 경우는 우리는 정치가의 태도를 어떻게 분석해야 할까?

정치 지도자의 태도와 기분은 호감이나 비호감의 태도, 즉 행동 향성을 의미하며, 어떤 상황에서 행동이 나타날지는 알 수는 없지만, 예측은 가능할 것이다.

제2장

정치가에게 정체성은
왜 중요한가

1

정체성의 수학적 함수방정식

정체성 혹은 성향이란 이미지와 평판의 합으로 다른 사람과 구분되는 특징의 평균합이라고 할 수 있을 것이다.

한국 정치의 현실에서는 다음의 색깔이 얼마나 들어가 있느냐로 좌파와 우파, 좌식이냐 우식이냐, 우현이냐 좌현이냐가 상징적으로 표현된다.

한국 정치가들의 성향을 분석하면 다음과 같이 크게 네 가지로 나눌 수 있다.

① 우현우식: 부르주아의 우파 정치
② 좌현좌식: 프롤레타리아의 좌파 정치

③ 좌현우식: 프롤레타리아의 우파 정치

④ 우현좌식: 부르주아의 좌파 정치

21세기 우리나라에서 어떤 방식이나 어떤 정치가들이 인기를 얻고 국민들의 사랑을 받고 있을까?

다음의 색깔은 무슨 색깔일까?

이 색을 너무 안 치면, 너무 차갑고 어둡다.

이 색을 너무 많이 사용하면, 너무 무섭거나 위험하다.

그러나 적당히 치면, 너무 따뜻하고 행복해진다.

과연 이 색은 무슨 색깔일까?

정답은 Red, 빨간색이다.

일본의 욱일기와 중국의 오성홍기가 대표적이다.

영국 정치사회학자에 의하면, 어느 나라 어느 문화권에서도 정치가들이 의식의 상부 규범에 대한 결정인자인데, 좀 가진 자나 좀 배운 자 그리고 세칭 명문대나 명문가 출신들이 정치가가 되도록 어린 시절부터 교육되고 훈육된다고 한다.

이와 같이 엘리트나 명문가, 명문대, 권위자, 전문성 있는 법률가들의 의식을 결정하는 정치가의 정체성이 영국, 미국, 일본, 러시아, 프랑스, 독일, 한국처럼 확고부동한 나라는 없을 것이다.

특히 한국은 일본과 많이 비교되는데, 한국의 정치 스타일이 일본과 같거나 유사하다면 국민들이 좋아할까? 일본은 세습의원도 많고, 이 세습의원들이 수상인 총리대신을 많이 한다고 하는데 한국에서 가능할까?

아! 박근혜 대통령이 가능했는데, 중도 탈락했다.

이처럼 정치 가문에서 세습이 이루어지긴 하지만 대통령이 되기 어려운 한국적 현실은, 일반 국민에게 일본과는 다른 정치 프레임이 있기 때문이라고 보인다.

김대중 전 대통령이 "돈이면 돈, 권력이면 권력 한 가지에 집중해야 한국이 산다"라고 했는데, 정치가가 되려면 일찍부터 정치를 하거나 사업이나 벤처를 하라는 것으로 보인다.

그리고 이 김대중 전 대통령의 말은 일반 국민들에게 대단히 설득력이 있어 보인다.

그리고 한국은 모계사회다(송호근, 서울대 사회학과, 한국인의 평등의식). 이규태(연세대 사회학과, 조선일보 이규태 코너 30년, 한국인의 유별난 평등의식)의 주장에 의하면, 그리고 미국의 문화비교 사회심리학자 Triandis(2004), Hofsuteder(IBM 기업연구소장, 세계의 문화와 조직, 차재호와 나은영 역, 2006)에 의하면 한국은 북한이나 일본의 수직적인 부계사회가 아니라 수평적이고 평등한 모계사회로 분류된다.

그렇다면 수직적인 부계사회 중심의 일본에 비해 무엇이 많을까? '다섯 손가락 깨물어서 안 아픈 손가락 없다'라는 속담대로 평등한 의식을 공유하므로, 탁월한 능력이나 탁월한 평판 없이 출세하면 여성들의 질투가 하늘을 찌른다는 점이 일본과는 다르다고 하겠다.

그래서 명문가나 명문대 출신이라고 해도 탁월한 능력이나 탁월한 평판 없이는 정치가가 될 수 없다는 점이 한국에서는 주지의 사실로 보인다.

그래서 우현좌식의 생활방식을 차용하여 살거나, 좌현우식의 생활방식이나 이상을 추구하는 정치가들이 한국에는 많다고 한다.

구체적인 예를 들면 필자의 고향은 면 단위 한적한 농촌 마을인데, 이곳의 도의원 부인은 농약도 같이 치고 거름도 같이 매고 하면서 농사도 같이 짓고, 작목반도 같이 운영하고 조합 일도 성실하게 하면서 농촌에서 동거동락하며 도의원인 남편을 내조하고 있다.

정체성이란 다른 사람과 구분되는 특징들의 합이라고 말할 수 있다. 이처럼 다른 개인들과 구분되는 특징으로서 이렇게 구분 짓는 이미지나 평판을 정체성이라고 말할 수 있는가? 다른 사람과 구분되는 특징을 결정짓는 중요 결정 요인은 무엇인가?

흔히 역사책이나 근현대사에서 위대한 개인으로서의 정치가가 가진 특징을 일반인에게 물어본다면, 대체로 다른 개인과 구분되는 특징을 3개 정도 말할 수 있다.

그리고 이를 모아서 그 개인의 특징이라고 말할 수 있는 이미지나 평판을 그의 정체성이라고 말할 수 있을 것이다.

이러한 이미지와 평판에 관한 논의는 필자의 글에서 얼마든지 확인할 수 있다. 그러므로 이미지와 평판을 중심으로 구성된 정체성 이론을 전개하면, 쉽게 개인의 정체성에 도달할 수도 있을 것이다.

2

정치가에게 왜 정체성이 중요한가?

정치가에게 정체성이 중요한 것은, 위대한 개인의 아류나 모작이라는 세간의 평을 의식하지 않을 수 없는 정치가들에게 신경 쓰이는 문제이기 때문일 것이다.

예를 들어 이조 28명의 왕 중에서 위대한 개인의 반열에서 논할 수 있는 왕은 세종, 성종, 숙종, 영조와 정조 정도라고 역사가들은 말하는데, 20세기 한국의 대통령 중에서 특징적인 업적을 내거나 특징적인 인물들을 평가할 수 있는 이미지나 업적에 대한 평가들을 물어본다면 아마도 이러한 정체성에 관한 답변이 주로 나올 것으로 예상된다.

그리고 흔히들 대권 주자나 정치가들이 방송이나 신문에 많이 나오는데, 국민들에게 대권 주자나 저명한 정치가에 대한 특징을 말해보라고 한다면 소수의 뛰어난 개인을 제외하고는 하루 걸러 방송과 신문에 나오는데도 별다른 특징을 꼬집어 말할 수 없는 국회의원이나 장관이 대부분이다.

왜 그럴까?
그것은 아마도 위대한 기존 정치가들의 모방이나 모작으로 자신의 이미지나 평판을 구성하려 하기 때문으로 보인다.

거의 매일 방송이나 신문에 나오거나 하루 걸러 나오는 대권 주자급 정치가들도 일반 국민이 생각할 때 그 정치가의 특징이 있는가?

물어보면 대부분 별 차이가 없다거나 좀 더 노력해야 된다는 답변이 나오는 이유가 무엇일까?

그래서 정치가에게는 정체성이 중요한 것 같다.

물론 기존 정치가 중에서 자신이 이상적인 롤 모델로 삼는 분을 답습하는 것도 매우 중요하다. 왜냐하면, 이미 국민에게 검증된 정치적인 요소이기 때문이다.

하지만 이를 넘어서서 자신만의 고유한 정체성을 가지기 위해서는 이보다는 진일보된 이미지를 가져야 할 것이다.

왜냐하면, 자신이 이상적인 롤 모델로 삼는 기존 정치가를 뛰어넘는 이미지와 평판을 가져야 하기 때문이다.

3

정체성과 태도

정체성은 다른 개인들과 구분되는 특징인데, 정치가 연구에서 왜 중요한가? 그것은 인간과 사물에 대한 태도를 결정하기 때문일 것으로 추정된다.

이 정체성에 따라 인간과 사상이나 이상에 대한 태도가 결정된다고 보는 이유는 무엇일까?

만일 보수적인 정치가가 진보적인 정치가에 비해 북한에 대해 어떤 태도를 취하는지 물어본다면 답은 매우 쉬울 것이다.

이는 이승만과 김구 이후로 계속되는 논쟁이며, 특별한 정체성을 가진 정치인이 드물다는 것도 역사의 아이러니이다.

보수 쪽의 흡수통일이나 진보 쪽의 평양 방문하기는 모두 이승만이나 김구 이상 나온 것이 없다는 역사적 사실로도 이는 증명된다고 하겠다.

또한 선호하는 정치인을 물어본다면, 이도 매우 쉬운 답변이 될 것이다. 이미 정체성에서 누구를 결정할 것인지 우리는 신문과 방송을 통하여 이미 알고 있기 때문이다.

자신을 선호하고 존경한다고 하는 정치가에 대해 좋은 태도의 언행을 할 것은 예측하기 쉬울 것이다. 하지만 이 반대일 경우 적대적인 태도를 나타낼 것은 자명한 사실이다.

그래서 정체성과 태도는 정치가의 매우 중요한 분석 대상인 것이다. 대부분의 정치적 태도가 바로 이 정체성에서 나오는 몫도 크기 때문인 것으로 보인다.

진보냐 보수냐부터, 좌파 지향이냐 우파 지향이냐에 이르기까지 정체성의 문제는 확실해야 하는데, 나를 대변하는 특징으로 구성된 리더십이나 정책을 구현하는 것은 정체성 확인에 중요한 분석 대상일 것이다.

4

다윈의 진화론과
정치의 진보는 유사한가?

찰스 로버트 다윈(Charles Robert Darwin)의 『진화론』이란 책을 보면, 진보나 진화는 계통발생학을 답습한 다음에 조금씩 이루어진다고 쓰여 있다.

그래서 우리가 소위 진보나 진화가 이루어졌다고 말할 만한 진일보는 아주 어려운 과정을 통해서 이루어지는 것으로, 이를 가능케 할 만한 정치 지도자는 한국에서는 박정희와 노무현 정도일 것이라는 국민의 여론조사가 이를 뒷받침한다고 볼 수 있을 것이다.

보수의 원심력과 진보의 구심력, 그리고 보수의 구심력과 진보의 원심력과의 싸움은 여전하고, 누구를 중심으로 뭉쳐야 사는

지에 관한 당내 논쟁이나 계파 싸움은 여전한 한국 정치 정당론의 현실이라고 할 수 있다.

구심점, 즉 무게중심이 되며 구심력 있는 정치가는 정체성이 아주 확고부동한 측면은 있다. 하지만 항상 유동적인 정치 상황에서 정체성을 확장하거나 업그레이드하지 않으면 자신의 리더십인 구심점이나 무게중심으로서의 리더십도 상실될 우려가 있을 것으로 보인다.

그래서 보수의 구심점과 진보의 구심점은 어떤 대통령으로 하여야 하는지, 중도적 구심점이나 무게중심을 가진 정치가는 누구인지 우리는 아주 쉬운 앙케이트 조사로도 확인할 수 있으며 이는 매우 상식적인 정치 문제로 보인다.

5

좌현우식형 정치인들과
우현좌식형 정치인들은 누구인가?

우리 정치인들 중에는 좌에서 시작했지만 우파 현인들의 정치 이상과 생활방식을 추구하는 정치인들이 있다. 또 우에서 시작했지만 좌파 현인들의 정치 이상과 생활방식을 추구하는 정치인들도 있다.

이런 분들은 육체노동을 정신노동과 동등하게 평가하는 가치관을 가졌을 것으로 생각된다. 우파 출신이지만 육체노동을 일상적으로 하면서 자신을 관리하는 우현좌식의 정치인들이 높은 평가를 받거나, 육체노동을 일상적으로 하면서 정신노동을 게을리하지 않는 좌현우식의 정치인들이 최근에 주변에서 사랑받고 있다.

좌에서 출발하여 현명한 정치인이 되는 자, 우파 정치인의 큰 사고와 큰 도량의 리더십을 모방하는 정치인을 좌현우식형 정치가라고 말할 수 있다.

좌현우식형 정치인

여러 전현직 정치인들이 여기에 해당한다. 작은 가문이나 세칭 서울대 출신(소화와의 결혼, 작은 아가씨와 결혼은 관행, 한국의 최고 지성파 작가인 '서편제'의 여자 주인공 이름은 소화)이 아닌 경우에는 심리적 좌파에서 시작하였다고 해야 할 것이다.

하지만, 우파 선생을 이상적인 롤 모델로 삼아서 큰 사람과 큰 이상을 실천하는 좌파 정치인들을 좌현우식형 정치인이라고 볼 수 있을 것이다.

블루칼라 노동자 계층 출신들로 노동자, 농민, 하급 은행원, 하급 공무원 출신 성분들이 있다.

우현좌식형 정치인

이와 반대로 큰 집이나 큰 가문 그리고 세칭 서울대학교 출신들(대화, 궁화, 큰 여자와 결혼은 관행)은 심리적 우파에 속한다고 볼 수 있는데, 좌파의 생활방식이나 좌파의 정치적 이상을 실현하려는 우현좌식 정치인들이 한국에는 많다고 한다.

여러 전현직 정치인들이 여기에 해당한다. 화이트 노동자 계층 출신들로 훈장, 사장, 고급 공무원, 5급 출신들, 교수, 목사, 시장, 군수, 지사 집안 등에서 출생한 이들을 말할 수 있을 것이다.

해방 이후 한국 대통령들의
정체성 분석 이론

대통령과 정권의 정체성 차이

리더십 정체성의 차이는 무엇일까? 민중주의자와 엘리트주의자, 누가 더 역사적인 평판이 좋은가?

역사를 쓸 때 우리는 어떤 위대한 개인인 대통령이나 그의 정권의 정체성을 논하는데, 내가 보기에는 세 가지 부류가 있어 보인다.

① 민중주의
② 엘리트주의
③ 민중주의와 엘리트주의의 절충형

그럼 해방 이후 누가 엘리트주의자였고, 어떤 대통령과 정권이 민중주의자였을까?

대통령과 그의 참모와 장관들의 인적 배경을 신문이나 방송에서 나타난 인물들을 중심으로 분류해보면 다음과 같은 결론에 도달할 수도 있을 것이다.

민중주의자: 전두환, 문재인

대구공고와 경남고, 육사와 경희대 출신이다. 집권기나 실각 후에도 국민 사이에 평판이 매우 좋은 편이다.

일관성을 유지하기가 매우 힘든 것으로 판단되지만, 대단한 예지력과 의지로 일관되게 민중주의 리더십을 편 것이 강점이 된 것으로 보인다. 경험적인 철학이 반영된 것으로 유추해볼 수 있을 것이다.

엘리트주의자: 노태우, 김영삼

한국의 엘리트들은 왜 질투를 많이 받는가?

각각 연세대와 서울대 사회학과를 졸업한 이규태, 송호근의 '유별난 한국인의 평등의식에 관한 논문'을 참고할 수 있다.

왜 한국의 엘리트들이 질투를 많이 당하는가에 대한 답은 이규태(논설고문, 조선일보), 송호근(서울대 사회학)의 논문에서 모계사회의 평등의식 때문에 그렇다는 식의 결론 이외에는 아무리 찾아도 찾을 수가 없을 것으로 보인다.

노태우와 김영삼은 비평준화 시절에는 그 지역 최고였던 명문 경남고와 경북고, 육사와 서울대 출신이다. 집권기에는 평판이 매우 좋았으나, 실각 후에는 평판이 그다지 좋지 않다. 그 이유가 무엇인지 나는 궁금하다.

경북고나 경남고는 엘리트 인재 풀이 너무 많아서 문제인 것으로 보인다. 민중주의자가 좋고 후대의 평판도 좋을 것이라는 점을 다 알면서도 안 되는 이유가, 너무 명문고와 명문대를 나왔기 때문이고, 또 그러한 지지자를 1차로 쓰다 보니까 그렇게 된 것으로 보인다는 점에 의견이 간다.

최근에도 연세대에서는 상대적 박탈감과 상대적 빈곤감의 원인이 무엇이고, 사회문제나 파급효과에 관한 조사와 연구를 하는 것으로 보인다.

부모님 수준이라는 원인은 분명한데, 그 귀인을 자신으로 하지 않고, 사회나 정치가 탓을 하게 만드는 시민단체나 교수들이 커뮤니케이션을 조작하고 왜곡하는 현실이 더 큰 문제로 보인다.

그래서 노무현 때 특권과 반칙이 없는 사회, 윤석열 대통령의 공정과 원칙은 매우 훌륭한 정치의 방향이었다는 점을 시사한다.

인생의 출발점부터 불평등한 시작을, 국가나 정치가들이 어떻게 공정하고 특권이 없도록 할 것인지 정치를 잘 펴는 것도 엘리트 사회의 집단적 문제를 해결하는 방식이라고 할 수 있을 것이다.

절충주의자: 노무현과 박정희, 김대중과 박근혜

처음에는 민중주의자였으나 집권 후반기로 갈수록 엘리트주의로 바뀌면서, 결말이 안 좋게 나온 이유를 잘 모르겠다.

하지만 집권 후반기로 갈수록 엘리트를 중요시해서 민중과의 거리감이 생기고, 창업공신들과의 불화로 결국은 훌륭한 업적을 내었지만 내부의 불협화음이 많았던 것으로 보인다.

특히 노무현은 후계자와 관련하여 문재인 편을 들지 않아서 말년에 불행했던 것으로 보인다.

노무현은 엘리트를 중요시하는 엘리트주의자로 변신하는데, 이에 반해 창업공신들은 노무현의 일관성을 원하기 때문에 불화가 있었던 것으로 보인다.

그래서 노무현이 퇴임 후 부정부패 의혹 논란에 휩싸이자 어떤 일이 벌어졌을까? 그가 총애하던 '서울대 출신에 운동권'인, 유시민 이외에는 아무도 그를 응원하지 않았다.

이게 도대체 어떻게 된 상황인가?

안희정은 "우리는 이제 폐족이 되어 임명이든 선출이든 공무원을 할 수 없다"라고 했고, 이광재는 침묵을 지키고 침묵으로 일관하였다.

과거 왕실 속담에 권력은 부자도 못 나눈다는 말이 있는데, 이는 YS와 그의 영식 연구원장인 김현철 교수의 예에서도 알 수 있다.

이와 같은 사례에도 보듯이, Number 1과 수많은 Number 2들은 협조와 긴장의 끈이 항상 있을 수밖에 없는 자유민주주의 시대에 살고 있다. 과거처럼 경제력과 군사력을 한 부족이 쥐고 있는 왕정국가가 아니라는 사실은 진리에 가깝다.

그래서 국민의 지지가 그렇게 아직도 높은 노무현 전 대통령의 자살에 바로 이런 로열티와 일관성에 관한 문제, 창업공신들의 정체성과 일관성, 그 로열티에 관해서 우리 시대는 중요한 사회문제를 제시하고 있다고 보여진다.

국민들의 평등한 1표로 당선된 대통령온 자신만이 왕이나 황제처럼 부하들의 일관성을 요구할 수 있는 것이 아니라, 당신도 부하들로부터 일관성과 로열티를 요구받는다는 사실을 간과한

채 일의 빠른 집행을 위해서 오대성(김이박정최)의 큰 집 영식이나 영애를 중요시하고, 엘리트를 중용하는 엘리트주의자로 변신한 것이 큰 문제가 있다고밖에 설명할 길이 없다.

제 3 장

민주 사회의
평가 권력들

1

사회적 불안의 실체

사회적 불확실성의 문제들은 평가자와 피평가자의 불확실성 문제, 불확실한 의사 결정 시 위험 감수 정도와 시간 변수에 관한 개인차 변수 문제와 연관이 있다.

결론을 먼저 말하자면 다음과 같다.

사회적 불안을 개인적인 관점에서 말하자면, 특정 사건이나 인물에 대한 인지적 과잉 사고(Cognitive flouring)는 공적 자의식(Public Self Consciousness)을 유발하고, 이것이 사회적 불안을 일으킨다는 가설이다.

하지만 인지적 과잉 사고가 시적 자의식(Private Self Consciousness)에 관한 것이라면 사회적 불안을 거의 일으키지 않는다는 점이다.

아시다시피 Public self는 '타인들이 보는 나'이다. 사회적 평가나 사회적 평판에 매우 신경 쓰거나 예민하게 반응할 가능성이 높은 성향의 소유자들이다. 그래서 공적 자의식이 활성화되어 사회적 불안에 시달릴 가능성이 높다.

Private Self는 '내가 생각하는 나'이다. '나는 참 뛰어난 정치가이다.' '나의 이상은 세종대왕이나 정조대왕 정도는 되어야 한다(노무현 전 대통령).'

이러한 정책도 내 상상계와 나의 독서 목록에 포함되어 있었지! 이 아이디어도 나의 상상계에 있었던데, 그 책이나 논문이 어디 있더라!

그래서 이러한 아이디어나 정책도 내 것으로 할 수 있으면 얼마나 좋을까!

2

개인주의와 집단주의

　개인주의자(Individualist)들은 '사적인 나', 즉 '내가 생각하는 나'에 관심이 있고, 타인의 시선이나 평가보다는 내가 설정한 목표를 달성하기 위해서 노력한다. 그래서 사회적 불안을 일으키는 공적 자의식에 관한 인지적 사고가 많지 않고, 불면증도 적을 것이다.

　집단주의자(Groupist)들은 개인이 설정한 목표보다 집단이 설정한 목표를 완수하기 위해 살아가며, 집단의 이익과 개인의 이익이 충돌되면 집단의 이익, 즉 대가족이나 회사나 조직을 위해서 개인의 이익을 희생하는 경향이 강한 문화권이나 나라의 개인들이라고 할 수 있다.

그래서 집단주의 성향이나 성격의 소유자들은 개인주의자들보다 사회적 불안 수준이 높고, 타인의 시선이나 평가 그리고 동료의 평판에 민감하게 반응할 것이라는 상식적인 결론에 도달한다.

물론 집단주의 문화권에서도 개인주의자들은 많다. 예를 들면 서울대학교 졸업생들에게 평판을 물어보지 않는 것은 상식이고, 4당 5락으로 공부해야 서울대를 들어가기 때문에 친구들과 놀 시간이 별로 많지 않고, 서울대에 입학해서도 원하는 직업을 구할 때까지 공부만 한다면 거의 놀지 않거나 동아리 활동을 하지 않으며 의미있는 타인들과 의미 있는 교류를 하지 않고 스포츠나 영화나 연극이나 각종 음악 공연을 즐기지 않고 미술관에도 거의 가지 않을지도 모른다.

이들은 철저한 개인주의자들이다. 자신이 설정한 목표 달성이 중요하고, 타인의 의미 있는 평가, 즉 교수 등 평가자에 관심을 기울인다.

그러므로 서울대 졸업생들은 타인의 이목이나 평판에 신경을 써야 하는 다른 대학교 졸업생보다는 사회적 불안이 적을 것이라는 점은 확실하다.

행동정치학의 이해

이는 서울대학생이 우월하게 여타의 대학교 졸업생을 평가할 수 있다는 평가 개념을 머릿속에 가지고 있기 때문이기도 하고, 철저한 개인주의자로서 자신의 목표나 기대에 따라 행동하는 성향을 보이기 때문이기도 하다.

물론 이러한 서울대 법대 수준이 되는 개인들이 여타의 대학 졸업생 중에도 많을 수가 있다. 단지 상식적, 심리학적 관점에서 평가하면 그렇다는 것이다.

그리고 타인의 기대나 목표를 중시해야 하는 정치가들이나 기업가들은 개인주의자의 직업인 교수나 연구원들보다 사회적 불안 수준이 높을 것이라는 점은 매우 상식적이다.

하지만 타인의 인정을 받고, 리더십을 행사하고, 타인의 존경을 받고자 하는 리더십 성향이나 매우 외향적인 성격의 소유자들은 집단주의 성향이 높고 사회적 불안을 즐기는 편이라고 말할 수도 있을 것이다. 이런 직업에는 정치가, 로비스트, 영업이사, 연예인, 가수, 프로 스포츠 선수, 아나운서나 방송국 직원들이 어울릴 것이라고 판단된다.

연예인이나 정치가 성향으로서, 타인의 인정이나 평판을 중시하는 리더십의 소유자가 사회적 불안 수준이 높은 연극이나 드라마, 예를 들어 정치 사극이나 현대 멜로물에 출연한다면 신인급 연기자들은 어떻게든 배역을 따려고 혈안이 될지도 모르지만, 중견 연기자나 자신의 사회적 불안 수준이 높지 않은 배역이나 타인의 인정이나 존경을 받고자 하는 정치가나 연기자는 자신이 설정한 목표에 따라 배역을 자신이 고르고 경력관리를 해야 사회적 불안이나 사회 공포증에 시달리지 않을 것이다.

즉, 개인주의 성향이나 목표 수준이 높은 개인주의자들도 사회적 노출이나 자신의 사회생활을 타인에게 노출해야 하는 연기자나 연예인 그리고 정치가의 역할을 자신의 기대나 목표에 따라 자신의 사적인 상상계 안으로 끌여들여서 역할 수행과 관련하여 타인의 평가의 역치 이하의 역할을 수행하면, 즉 가장 자신 있는 전문성이 있는 역할 연기를 수행하고 경력을 관리하면 얼마든지 사회적 불안 없이 자신의 역할을 수행할 수 있다는 점을 확인해 보시기 바란다.

이에 반하여, 개인주의 성향이나 성격의 소유자들은 교수, 연구원, 작가, 신문사 기자나 칼럼니스트가 어울릴 것이라고 매우 상식적으로 볼 수 있을 것이다.

하여튼, 모든 인물이나 사건이나 과업을 자신의 사적인 영역이나 사적인 세계에서 일 처리를 잘하는 사람은 거의 사회적 불안이 없을 것이고, 아마도 자기 합리화도 잘해서, 자기 자신이 모든 일을 처리할 수 있는 만능맨이라는 생각을 할 수 있는, 뛰어나거나 위대한 개인에게서 발견할 수 있는 개인이라고 볼 수 있다. 아마도 세종대왕이나 정조대왕 등 위대한 군주들이나 근현대의 위대한 정치가나 뛰어난 학자들도 이런 부류에 포함되어야 할 것이다.

그럼 사회생활이 많고, 사회생활의 일거수 일투족이 거의 방송이나 신문에 노출되는 정당의 대표들이나 국회의원, 장관, 그리고 대통령의 자아나 자의식의 세계는 어떨까?

3

권력 평가 구조의 핵심

헌법 조항에 보면, '모든 국가권력은 국민으로부터 나온다'라고 되어 있다.

그럼 자유민주주의 국가에서 국가를 구성하는 선출직 공무원의 대표인 대통령과 국회의원에 대한 각종 평가 권력은 누구에게 있을까? 불확실성의 문제는 없나?

누가 평가 권력을 갖고 있나?

당연히 국민에게 있다.
이것이 자유민주주의의 권력 구조의 핵심으로 보인다.

예를 들어, 대통령의 지지도를 생각해보라.

지역별, 연령별, 그리고 남녀 성별 호감도와 비호감의 이유(또는 원인은 동일한 의미)의 요인 분석(비호감과 호감의 설명 양의 1위, 2위, 3위 등) 표는 금방 분석되고 보고될 것이다.

물론 제5 권력이라 주장하는 언론계가 있기는 하지만, 이 또한 국민의 선호와 선택에 의해 언론사의 영향력이 독자 수나 조회 수로 결정되므로, 이 또한 국민이 평가 권력을 가지고 있다고 보아야 한다.

예를 들어, 정치인 설득 영향력은 보수와 진보 신문과 방송 그리고 중립적인 SNS, 신문사의 판매 부수 순위와 진보와 보수 영향력, 방송사별 시청률 순위, 또는 뉴스 순위와 보수와 진보의 영향력과 연관이 있다.

그래서 국민은 국가권력을 평가하고, 국민의 평가에 안 맞으면 국가권력을 중도에 그만두게 하거나 다음 선거에서 국가권력 구조를 바꾸면 되는 것이다.

당신은 현재 어떤 평가 권력을 가지고 있을까?
그리고 나는 어떤 평가 권력을 가지고 있을까?

나는 항상 평가받는 피평가자로서의 위치에만 있는가?

우리는 누군가를 항상 평가하고, 때로는 감시하기도 하는 평가 권력자이다.

물론 언론의 권력 평가와 감시는 매우 중요한 평가자 권력이지만 이 또한 국민의 선호와 선택에 의해서 판매량이나 조회 수로 언론사의 영향력이 평가되는데, 이   에도 국민이 평가 권력이 핵심에 있다는 것이 자유민주주의의 권력 평가 구조의 핵심이다.

물론 이러한 평가자와 피평가자 관계를 소비자와 기업, 정치가와 국민, 국가와 기업으로 일반화시켜서 생각해보는 것은 자유민주주의 국가에서 국민의 당연한 천부인권적 권리이자 의무로 보아야 할 것이다.

노무현 전 대통령이 언급한 '깨어 있는 시민의 조직된 힘', '특권과 반칙이 없는 사회', 바로 이것이 자유민주주의 정치 구조에서 평가 권력의 핵심을 잘 설명한 것으로 보아야 할 것이다.

4

사회적 불확실성의 문제들

평가자와 피평가자의 불확실성 문제

피평가자의 수준을 정확히 또는 대체로라도 알 수 있거나 아
는 경우, 또는 모르는 경우와 상황에서 사회적 불안 수준은 달라
질 수 있다고 보아야 할 것이다.

'소문난 잔칫집에 먹을 거 하나 없더라'라는 속담과도 같다.

사회적 불안의 종류: 사회심리학적 관점

① Interpersonal Anxiety
  - 권위자와 피평가자들, 암 진단의 권위자나 오진율

② Intersocietal Anxiety

- 지방 유력 신문이나 정치나 사회부장

③ International Anxiety

- 주요 평가 권력자들: 선진 최고 명문대의 출신국과 주요 학회지와 학술지 그리고 학회를 독점하는 나라들, USA(특히 미 식약청, FDA 허가 없이는 신약 개발이 안 된다는 것은 전세계적 문제), UK, France, Germany.
- 소비자 권력자들: China, USA, Japan, 소비 대국들, 인도, 인도네시아, 브라질, 러시아. 피평가자에게 평가 권력이나 평가자의 불확실성은 사회적 불안을 야기한다.

하지만 평가 권력이나 평가자의 실체를 모른다면, 우리는 사회(평가) 불안을 느끼게 될 것이다. 이하 사회적 불안(대인불안, 청중불안, Mark Leary, 1983, JPSP).

그래서 우리는 자유민주주의에서 언론이나 국민의 평가를 여론조사를 통해서 알려고 하거나 언론의 태도를 분석해서 언론의 정체성을 규명하고, 대처하게 되는 것이다.

여기서 세상이 변하고, 구세대들은 뉴미디어라는 새로운 매체에 적응이 안 된다는 것이 문제다. 나도 586인데, 유튜브와 이메일을 제외하고는 거의 쓰지 않는다. 그래서 신세대는 뉴미디어를 통해 양방향 소통을 하기도 하고, 사회적 권력, 예를 들어 소비자 평가권이나 정치 평가 권력을 가지게 되는 것으로 보인다.

여기서 구세대는 정확히는 몰라서 신세대의 Reality & Realism 에 대해 항상 의문을 표하고, 과연 자기 세대의 리더십에 반영되는가에 의문을 갖는다.

Apple의 창업주가 그의 태도와 관련하여 비판적 평가를 받기도 했는데, 그래서 Apple의 사회적 평가 불안이 높아지고 사회 불안이 생기게 되는 것이 아닐까?

제4장

하지만 현실 정치는
어떠한가

1

한자와 유학 문화권에서는
체면 싸움이다

역사적인 『영웅문』의 소설가인 김용 선생의 말씀이다.

정치란 무엇인가? 정답은 체면 싸움이다.

그럼 체면이란 무엇인가? 김용 선생이 말씀한 그 체면은 무엇
인가?

신문에 나타난 김용의 어록에 의하면, 정치는 체면 싸움이라
는 것이다. 김용, 이분은 중화권의 중국어가 모국어이면서 한자
사전이 국어사전이다.

그럼 한자사전에 나오는 그 체면은 무엇인가? 그 체면이 무엇
이길래, 목숨 걸고 싸운다는 말인가?

왕의 용어인 체면은 무엇인가? 미엔쯔와 멘쯔 같은, 중국과 일
본의 체면은 거의 유사하다.

체면은 왕이 권위, 위상, 급과 격, 인품이나 품격과 관련되어서 리더십을 발휘할 때 필요한 5가지 요소로, 어느 하나라도 떨어지면 체면이 떨어진다고 표현하고, 왕의 체면 중에서 가장 중요한 권위가 서지 않는다는 말로 이해될 수 있다.

왕의 명령은 권위가 있어야 체면이 선다고 말들 하는데, 이러한 권위를 세우려면 우선 명분이 있어야 한다. 그래서 김용 선생이 말한 체면 싸움은 권위를 세우는 것이 제일 중요하고, 그다음에 위상, 급과 격, 인격(인품) 그리고 품위(품격)이 중요하다는 것은 한자사전인 옥편에 잘 나와 있다.

그래서 유학과 한자 문화권인 한중일에서 정치는 예로부터 체면 싸움이었다고 김용 선생이 언급한 내용을 살펴보면, 일상적으로 우리가 흔히 명분 싸움을 한다고 하는데, 이는 국민들을 설득하는 논리가 얼마나 타당한지 난상토론을 하는 어전회의에서 시작되었다고 할 수 있을 것이다.

행동정치학의 이해

2

명분 정치를 하는 이유

명분이 있어야 체면이 선다.

그래야 왕이 권위를 확보하게 되는 것이다.

이것이 왕의 권위로 명령을 내리는 근거가 된다고 보아야 할 것이다.

명분 없는 정치 논쟁은 체면이 서지 않는 것이다. 그래서 자고로 정치에서는 대의명분이 중요한 설득 논리이자 체면 싸움의 중요한 대상이라고 할 수 있을 것이다.

그래서 맹자의 인의예지신 중에서 인의론은 명분 싸움에서 가장 핵심으로 보인다. 인하고 의로워야 명문이 있는 것이고, 의롭지 않은 자가 어찌 인하다고 말할 수 있겠냐는 맹자의 어록은 명분 설정에 중요한 의미를 갖는다고 보여진다.

그리고 예지신은 왕이 갖추어야 할 기본 덕목으로 보아야 할 것이다. 그리고 예지신 역시 맹자의 체면 욕구와 관련지어보면, 왕권의 권위를 세우기 위한 왕의 교육 중 최소한의 소양 교육으로 간주하고 싶다.

그래서 명분 없이 국가 세금을 왕이 마음대로 유용한다면, 왕의 체면은 떨어지고 손상될 것이다. 그래서 리더십은 덜컹거리고 심지어는 왕의 권위가 도전받고 종국에는 왕국이 무너질 수 있는 중대한 사항이라고 할 수 있다.

그래서 왕이나 대신들은 국민이나 백성들이 납득할 만한 명분을 만들기 위해 골몰하는 것이다.

어찌 명분도 없는 전쟁이 가능하단 말인가?
명분도 없이 어찌 세금을 거둔단 말인가?

그럼 왕이 정치를 하려면, 명분이 있어야 체면이 서는데, 그럼 이 체면이란 무엇인가?

그것은 매우 단순하면서도 매우 방대하고 복잡하므로, 본 연구소의 『체면의 리더십: 왕과 대통령 편』을 필독하시기 바라며, 의문이 있으면 얼마든지 연락하시길 바란다.

3

서양에서 정치가라는
직업은 무엇인가?

최근의 서양에서 가장 뛰어난 대통령이라고 평가하고 싶은 빌 클린턴 미 대통령에 관한 우화다.

최근의 미 대통령 중에서 가장 뛰어난 빌 클린턴 대통령은 정치가의 업무를 다음과 같이 정의하고 있다.

한 학생이 질문한다.
"정치가가 되려면, 법학이나 변호사를 해야 합니까?"

빌 클린턴이 답한다.
"그럴 필요가 없다. 정치가는 자료를 모아 분석해서 분야별 비전을 제시하는 것이 업무이다. 그래서 반드시 법학이나 변호사일

행동정치학의 이해

필요는 없다."

그러면, 어느 나라나 어느 문화권에서 체면이 중요한 이유는
무엇일까?

그것은 대통령이나 왕이나 정치가의 리더십 때문이다.

그래서 작은 나라의 왕이나 정치가가 큰 나라의 왕이나 정치
가의 권위에 도전하여, 체면을 함부로 손상하거나 깎다가 국가
간의 전쟁이나 국지전이 일어나는 일도 빈번히 있었다고 한다.

4

한자 옥편에서 체면과
유사한 5가지 용어

권위

타인을 통솔하거나 지도하는 힘이나 영향력으로, 영어권에서
는 Empowerment라 한다.

여기서 왕은 총리나 장관직을 수여할 때, '체면을 주다'라는 표
현을 사용하는데, 이는 어떤 인물에게 권위자라는 장관이나 총
리로 임명할 때, 과거에는 '그에게 체면을 주다'라는 표현을 하기
도 했다.

또는 '내 체면 좀 봐줘라', '내 체면을 생각해서 좀 어떻게 안
되겠나?', '체면이 땅에 떨어지면 안 되지 않나', '체면을 세우다',

'체면을 세워주다', '한껏 체면을 치켜세워주니 기분이 좋다', '체면을 구하다', '체면을 건지다', '체면 있는 자리 좀 주세요', '체면 있는 자리 좀 알아봐주세요', '체면을 주다', '체면이 깎이다', '체면이 손상당하다' 와 같은 식의 표현을 쓰면, 체면과 관련해서 권위나 자신의 위상이 흔들리지 않는지 의심해야 할 것으로 일본이나 중국학자들은 상용하여 체면을 연구하는 분야가 있다.

예를 들어, '죽으려고 작정한 모양이구나, 바로 그 자리에서 왕의 권위에 도전을 하다니.'

위상

신분의 서열이나 위계질서를 말한다.

예를 들면 '당서열 1위와 2위의 차이', '왕과 총리, 대통령과 총리와 장관 등등의 위상 차이', '국가의 위상, 즉 G1, G2, G5, G7, G20 국가로서 위상을 높이다' 등이다.

급(수)과 격식, 의전의 모양새

왕, 총리, 장관에 걸맞는 격식이나 의전의 모양새를 말한다.

가부장적 남성우월주의 문화권에서 5급의 남성이 7급이나 9급의 여성과 결혼하는 것은 모양새가 나쁘지 않다.

하지만 그 반대로 5급의 여성이 7급이나 9급의 남성과 결혼을 하는 일은 거의 일어나지 않는다는 점은, 뛰어난 여성이나 귀족 가문의 여성이 얼마나 체면을 중시하는지를 잘 보여주는 여성 배려의 사회 문화라는 점을 확인할 수 있을 것이다.

그래서 체면과 여성 분야를 논하자면, 여성이 남성보다 권위와 위상에 훨씬 민감하게 반응한다는 사실은 체면이 여성 문화라는 점을 더욱 깨닫게 한다.

그래서 7급이나 9급 남성이 5급 여성에게 함부로 대하거나 홀대하다가는 좌천을 당하거나 보복 인사를 당하는 일이 비일비재하다고 한다.

그래서 체면 문화는 여성 문화이기도 하다.

인품(인격)

여성 스캔들 같은 인격적인 문제, 함부로 부정 평가를 하지 않는 언행 등이다.

품위(품격)

여러 가지 품위나 품격을 위한 노력이나 모양새를 말한다.

왕이나 대통령이나 정치가의 이와 같은 체면 행동은 모두 체면을 유지하고 지키는 것이며, 정치가의 권위와 영향력을 유지하기 위한 노력이다.

제 5 장

조작된 현실은
가능한가

1

권력은 어떤 목적으로
현실을 조작하는가?

권력의 현실 조작 동기

권력이 현실을 조작하는 이유는 정치적·사회적 목적 달성을 위해 대중의 인식과 행동을 의도적으로 변화시키려는 동기에서 비롯된다.

① 정치적 목적: 권력은 체제 유지, 정책 관철, 특정 이념 확산 등 정치적 이익을 위해 현실을 왜곡하거나 여론을 조작할 수 있다. 이는 엘리트론이나 지배 이데올로기 이론에서 반복적으로 언급된다.

② 사회적 통제: 권력은 대중에 대한 지배를 당연시하고, 지배

자체를 인지하지 못하도록 심리와 인식을 조작한다. 교육, 언론, 제도 등 다양한 수단을 통해 현실 인식을 변화시킨다.

③ 합법성과 정당성 확보: 권력은 법, 관습, 선례 등 합리적 명분을 내세워 현실 조작의 정당성을 확보하려 한다. 이는 현대 민주주의에서도 요구되는 조건이다.

결론 및 영향

권력의 현실 조작은 단순한 힘의 행사가 아니라 정치적·사회적 목표를 달성하기 위한 전략적 행위로, 대중의 인식과 행동에 광범위한 영향을 미친다.

광주와 대구는 정치심리적 거리가 얼마나 될까? 진보와 보수, 좌파와 우파, 그리고 소수 우파가 다수의 좌파를 이기는 비결은 무엇일까?

우리들이 흔히 보는 정치 여론조사 기관에서 정치 태도 조사를 많이 하는데, 대체로 우리가 언론에서 발표하여 알고 있는 수

행동정치학의 이해

준에서 정치적 의식이나 태도가 매우 상식적인 결과로 나타난다.

[진보와 보수의 정치적 태도와 Royalty와 투표 행동]
(광주와 대구를 중심으로)

최선호 → 선호 → 호감 → 관심 → 중립 태도 → 무관심 → 비호감 → 혐오 →
증오

광주(호남) ↔ 대구(경북)
민주당 ↔ 국민의 힘, 한나라당
진보 ↔ 보수

증오 → 혐오 → 비호감 → 무관심 → 중립 태도 → 관심 → 호감 → 선호 →
최선호

박정희와 김대중 시절에 만들어진 정치적 지역감정은 전두환 시절의 5·18을 거치면서 돌아올 수 없는 강을 건넌 원수처럼 변해버렸고, 광주는 진보, 대구는 보수의 아성으로 우리 역사 속에서 굳어지게 되었다.

이러한 지역감정과 진보를 대표하는 김대중과 보수를 대표하는 박정희는 고향을 중심으로 각자의 정치적인 의식구조를 뿌리 깊게 내리게 되었다.

광주와 대구를 중심으로 한, 진보와 보수의 아성에 의한 정치는 서울이나 수도권이나 여타 지역에서 살고 있는 호남이나 대구·경북 사람들의 고향을 중심으로 한 모임인 향우회를 연고로 하는 정치가 여전히 진보와 보수의 정치에 영향을 미치고 있으며, 국회의원이나 대통령 선거 시에는 이러한 향우회 조직들은 여타의 학교 동창회와 마찬가지로 선거의 전면에서 자신들이 선호하는 후보들에게 몰표를 몰아주는 것이 현실 정치이다.

이러한 광주와 호남의 진보와 대구·경북의 보수는 앞으로도 몇백 년간 아마도 영원히 그 지역 국민들의 의식구조와 정치적인 태도를 형성하고 굳건히 뿌리내리게 될지 모른다. 그래서 이 지역은 진보와 보수를 대표하는 정당의 깃발만 꽂아도 100% 당선이 가능한 지역이 된 것이다.

이 지역이 정치적 태도를 갖게 된 것은 역사적으로 삼국시대와 지역 사투리로 대변되는 차이는 물론이고 현대사의 비극인 5·18에서 완전히 적대적인 정치적 반대 방향의 태도를 형성하게 된 것이다.

그리고 여론조사를 할 때 동시출생효과(Cohort effect)가 나타나는데, 이는 태어난 시점이 비슷한 연령끼리는 비슷한 정치적 태도를 지닌다는 의미이다.

행동정치학의 이해

그래서 10년 단위로 정치적인 의식과 태도가 비슷하게 나타나는 결과가 나온다. 아마도 60~70대 이상에서 보수가, 40대 전후에서 진보적인 정치적 태도를 나타내는데, 이는 아마도 박정희 시대를 산 60대 이상의 보수 선호적인 정치적 태도와 노무현을 중심으로 하는 40~50 세대의 진보 선호적인 정치 태도가 반영된 것으로 보인다.

그리고 최근에는 20~30 세대에서 젠더 문제와 젠더 갈등으로 해서 남녀 성차에 대한 정치적 태도가 다르게 나타나는데, 이는 여성과 남성에 대한 갈라치기와 이해타산 문제에 대해 정치적 셈법을 다르게 하고 접근해서 나타나는 현상으로 보인다.

이러한 정치적 태도는 정당, 인물 그리고 지역(연고)를 중심으로 정치적 진보와 보수의 태도를 형성하며, 이러한 정치적 태도는 선거철에는 거의 틀림없이 선호나 호감 투표로 반영되어 우리의 정당정치를 유지하는 국민의 정치적 의식구조를 형성한다고 말할 수 있다.

한가지 예를 들면, 필사가 386 시절에 해태타이거즈(광주)의 삼성라이온스(대구)의 야구 시합이 광주에서 열리고, 해태타이거즈의 대한민국 최고 투수 선동열 투수가 삼성라이온스에 지기라도 하면 광주는 아주 난리가 났었다.

　웃통을 벗고 소주 마시고 난리를 치는 광주 시민들이나 386
들은 대구의 삼성라이온즈를 증오하고 혐오하며, 경쟁의 대상으
로 적개심을 표현하였다.

　그리고 한 연구에서 보면, ○○대 사회심리학 논문에서 광주
시민의 아픔을 대구 시민도 경험해봐야 알 수 있다는 취지의 발
언을 하며 노골적으로 증오심을 가지고 기술한 사례도 있다.

2

소수의 우파가 다수의 좌파를
선거에서 이기는 비결

소수의 우파가 대다수의 좌파를 이기는 이유는 정치적 연합, 이념적 결집력, 그리고 사회적·역사적 배경 등 복합적인 요인에 기인한다.

정치적 연합과 전략적 결집

우파 진영은 종종 강한 이념적 결집력과 연합 전술을 통해 소수라도 단결된 힘을 발휘한다. 예를 들어, 프랑스 등 해외 사례에서는 극우 세력이 소수임에도 불구하고 중도·보수 세력과의 연합(인민전선 전술)을 통해 의석을 크게 늘린 바 있다.

국내에서도 우파가 소수임에도 불구하고, 특정 이슈나 사회적 위기 상황에서 결집력을 발휘해 선거 등에서 영향력을 키우는 경우가 있다.

사회적·역사적 배경과 이슈 선점

우파 진영은 북한, 안보, 경제 위기 등 민감한 이슈를 선점해 대중의 불안 심리를 자극하고, 이를 통해 지지층을 결집시키는 전략을 사용한다.

역사적 경험(예: 분단, 안보 위기, 경제 불안 등)이 우파의 이념적 결집과 선거 전략에 긍정적으로 작용하는 경우가 많다.

이념적 프레임과 미디어 영향

이념적 프레임(예: '종북', '주사파', '친중' 등)을 적극적으로 활용해 좌파를 '위협'으로 규정하고, 대중의 경계심을 자극하는 전략도

행동정치학의 이해

효과적이다.

미디어와 일부 집단의 선동, 그리고 사회적 불안(Interpersonal & Societal Level of Anxiety)이 결합될 때, 소수의 우파가 대중적 영향력을 확대할 수 있다.

이처럼 우파가 소수임에도 불구하고 영향력을 발휘하는 것은 단순한 숫자의 문제가 아니라, 정치적 연합, 이슈 선점, 이념적 프레임화 등 다양한 전략적 요인이 복합적으로 작용한 결과다.

3

좌파나 진보의 불안 심리와
정치적 응용

이명박과 맞붙은 정동영 당시 대권 주자는 한국의 4대 불안을 없애고 국민을 행복하게 만들어주겠다고 선언하고 열심히 홍보했으나, 호남과 광주를 제외하고는 참패했다.

그분이 이야기한 당시의 4대 불안은 주거, 일자리, 교육, 노후 불안이었다. 이러한 불안을 국가가 책임지고 해결해주겠다고 선언하고 여러 가지 정책과 홍보로 국민의 마음을 사로잡아보려고 했으나 실패했다.

그 이유는 무엇일까?

그것은 4대 불안이 대도시에서는 불행의 원인이었기 때문이다. 그리고 가장 큰 문제는 대부분 돈이 있으면 해결되는 개인적인 불행의 원인이었다.

주거 불안, 교육 불안, 일자리 불안, 노후 불안은 대부분 돈으로 해결되는 것이었다.

그럼 국민 불행의 원인을 위해 사회복지 비용을 천문학적으로 들여서 해결한다는 것인데, 이는 현실성이 없어 보였다.

개인의 불행을 국가나 정치가가 나서서 어느 정도 해결해줄 수는 있지만, 개개인의 일상의 불안을 정치가들이 해결해줄 수 있단 말인가?

오히려 대부분은 돈 문제에 기인한다면, 국민을 부자로 만들면 대부분 해결될 수 있는 문제였다. 오히려 국민이 돈을 버는 방법이나 높은 임금을 주는 일자리를 만드는 것이 가장 중요한 문제였다.

객관적으로 대부분 정동영의 4대 불안은 돈이 없거나 부족해서 불안한 것이었다. 개인 내부에 잠재하는 불안이 아니라 오히려 고독한 것이 문제였다.

대부분은 돈이 되는 일자리나 높은 수입을 올리는 자영업자를 양성하는 데 치중하는 것이 오히려 문제 해결의 실마리를 가져올 수 있었을 것이다.

한 개인의 불행의 원인이 되는 돈 문제와 그로 인해 파생하는 주요 4대 불안을 정치가들이 해결해주는 방법에 대한 고민이 부족한 것으로 보인다.

행동정치학의 이해

4

최근의 불행학과
행복심리학의 문제점

불행학은 개인의 불행한 원인을 진단하고 행복해지기 위해서 개인이나 국가가 어떤 노력을 해야 하는가에 대한 방향을 결정할 수 있어서 매우 실용적이다. 이에 비해 행복심리학 보고서는 현재 당신의 생활 만족도나 주관적인 행복 수준이 어떤가에 관심이 많다.

그래서 당신이 더 행복해지기 위해서 어떤 불행의 원인을 진단하고 그 불행감을 행복한 감정으로 만들기 위해서 개인과 국가가 어떤 노력을 해야 하는지를 고민해야 한다는 것이다.

21세기 서울에서 고독사와 고독 증후군에 의한 자살자들이 많이 생긴다고 하는데, 서울 같은 대도시가 학력이 높고, 여성을 위한 일자리가 많아서, 얼마든지 개인주의자면서 여성인 국민도 행복하게 살 수 있을 것이다.

그래서 우리는 과거 전통사회의 정이 넘치는 회사와 가정을 꿈꾸는데, 이러한 전통 방식의 가정이 드물다는 점이다. 물론 어머니나 시어머니가 서울 출신이라면 괜찮은데, 비서울이나 수도권이면 서울에서 살기가 힘들고 오히려 어머니나 시어머니를 고독하게 만들기 때문에 서울에 살 수 없다는 점은 여전히 서울에 사는 지방 출신 대다수 월급쟁이들이 겪는 고통일 것이다.

정이 넘치는 가정을 가지고 싶은데, 우리는 서울이나 대도시에 살면 남편도 바쁘고 아내도 바쁘고 해서, 정이 넘치는 과거 전통적인 가정을 꾸미기가 힘들다는 점은 매우 불행한 현실로 우리에게 다가올 수도 있다.

그래서 심지어는 월급이나 수입이 적더라도 고향으로 유턴해서 부모님을 모시고 살거나 근거리에 살면서, 정이 넘치는 가정을 꿈꾸는 지방 사람들이 서울에는 많을 것으로 보인다.

이유는 바로 이해타산만 따지는 서울이나 대도시의 개인주의 문화나 회사나 조직 문화 때문일 수도 있다. 승진이나 더 많은 수

입을 위해서 이직이나 전직을 하는 월급쟁이나 조직원들은 행복해질 수가 없는 것이다. 그래서 이에 대한 반발로 고향으로 다시 돌아가고 싶은 서울이나 대도시 가구가 많을 것이다.

제6장

정치와 역사심리학이란
무엇인가

1

한 국가의 국민으로서
나는 누구인가?

나는 누구여야 하는가?

한국인들에게 역사적으로 조상들이 결정해놓은 것과 같은 어떤 정체성이 있다면, 대한민국 국민들은 어떤 정체성을 가지고 살아야 하는가?

그것을 결정하는 역사적 인물이나 사건은 누구인가?

역사란 한국인이 꼭 기억해야 할 역사적인 인물이나 사건의 기록을 말한다. 그럼 그 역사적인 사건이나 인물을 역사책에 기록하려면 국민적 합의가 필요한 것이 아닌가?

특정 정권, 예를 들어 보수나 진보 정권의 입맛대로 국사책을 기술한다면, 진보나 보수를 바라보는 국민의 정체성과 정치적 태도를 형성하려고 의도적으로 왜곡하고, 이 역사책을 가지고 수능이나 공무원 시험을 치고 왜곡한다면 정치적 국민의 태도는 어떻게 될 것인가?

진보 정권이 진보 인사만 역사책에 나열한다든가, 보수 정권이 보수 인사 중심으로 역사책을 왜곡한다면 이 국사나 역사책은 누구를 위한 것인가?

국민의 합의 없는 국사책은 누구를 위한 국사책인가?

우리가 한국인으로 살아가면서, 중요하고 또 꼭 필요해서 기억해야 할 역사적 인물이나 사건은 어떻게 결정하는 것이 좋은가?

바로 이것이 역사와 사회심리학을 결합한 역사심리학의 연구 관점이다.

물론 정권을 잡은 진보나 보수는 자신의 정권 프리미엄을 위해서 자신의 입맛대로 방송국이나 신문사의 역사적인 인물이나 사건들을 선택적으로 올려서 국민의 역사적 인식을 만들려고 하는 것은 어쩌면 매우 당연한 것일 수도 있다.

이것이 역사와 사회심리학을 결합한 역사심리학의 주요한 연구 과제이고 연구의 핵심이라고 보아야 할 것이다.

그러면, 국민들이 꼭 기억해야만 할 역사적 사건이나 인물이 역사책이나 역사 드라마, 역사 소설에 나오는데 이것은 누가 결정하는가?

특정 보수나 진보 세력의 집권을 위한 태도 형성을 위해서 인위적으로 역사책이나 역사 드라마인 사극이나 역사 소설을 베스트셀러로 만들거나 인위적으로 사극의 위인이나 인물을 발굴하여 진보나 보수 세력의 입맛에 맞게 각색하여 현실에 참여하여 국민의 투표 성향과 태도에 영향을 미치려는 시도는 얼마든지 할 수 있다.

법적으로 문제만 없으면 얼마든지 집권층이나 거대 정당에서 영화, 사극 드라마, 역사 소설 등을 자신에게 유리하게 편집해서 태도 변화나 투표 성향에 영향을 미치려는 노력을 하는 것을 어디까지 정상적인 정당의 활동이나 정치가의 노력으로 보아야 할 것인가가 정치 문제로 비화될 수 있을 것이다.

2

20~30 세대가 가장 선호하는
리더십 유형

① 권위형: 상명하달식 명령형, 전통형

② 민주형: 대화와 타협을 즐기는 민주주의자

③ 자유방임형: 원하는 것은 무엇이든지 도와주는 대학원 교
수형

④ 정보 관리자형: 상황에 알맞는 정보를 제공하거나 피드백
하는 상황 관리자형

리더십 유형은 고홍화의 『산업심리학』(1985)에 나와 있는 것을
참고했다.

당신은 어떤 리더의 유형인가?

또는 당신은 어떤 리더를 선호하는가?

필자는 민주형과 정보 관리자형의 조합이 최근 세대에 맞을지도 모른다는 생각을 해본다.

20~30 세대는 민주적이고 소통 중심의 리더십, 그리고 상황에 맞는 정보 제공과 피드백을 중시하는 리더를 선호하는 경향이 강하다.

20~30 세대가 선호하는 리더 유형

① 민주형 + 정보관리자형: 20~30 세대는 일방적이거나 권위적인 리더보다는, 구성원 의견을 존중하고 상황에 맞는 정보를 제공하는 리더를 긍정적으로 평가한다.

② 적극적 소통과 피드백: 자신의 의견을 자유롭게 표현할 수 있고, 피드백이 활발한 환경을 선호한다. 이는 온라인·모바일 등 디지털 환경에 익숙한 세대적 특성과도 연결된다.

③ 가치관·신념 반영: 환경, 인권, 공정 등 자신의 신념을 존중하고, 가치 소비에 적극적인 태도를 보이는 리더를 긍정적으로 받아들인다.

이처럼 20~30 세대는 자율성과 투명성, 그리고 공감과 소통을 중시하는 리더를 선호하며, 이는 세대 특유의 가치관과 소비 트렌드와도 맞닿아 있다.

기존의 정치적 태도와 강도를 생각하면, 40~50 세대는 진보에, 60~90 세대는 보수에 가까운 태도를 형성하고 투표를 하는 것으로 알려졌다.

이에 비해 20~30 세대의 정치적 태도 요인의 로열티와 방향에 관해 고찰해보면, 진보나 보수의 방향과 태도의 강도를 결정하는 요인들은 무엇인가?

아직은 정치적 태도와 투표의 강도가 심하지 않은 20~30의 정치적 태도 요인의 로열티와 방향에 관한 고찰과 사회심리학자들은 사후 분석하여 20~30들의 여러 가지 정치적인 태도에 대한 사후 분석과 이론을 제시하는 일을 할 수 있을 것이다. 이들의 태도와 로열티를 결정하는 요인이 무엇인지 연구할 필요가 있을 것이다.

또는 아직은 확고하지 않은 20~30 세대의 정치적 태도를 변화시키거나, 중립적인 정치 태도나 무관심층을 어떻게 우리편의 로열티를 갖는 정치적 태도를 형성하게 만드는가에 관한 연구들을 수행할 수 있을 것이다.

20~30 세대나 10대 후반의 정치적 태도를 결정하는 요인

① 젠더 문제: 남녀 차이, 상속법, 최진실법, 효녀심청법

② 남녀 간의 취업 차별 금지 조항: 병역 문제와 남성의 역차별 문제

③ 국가의 금전적 정책: 한국대학장학재단의 장학금 혜택 등 금전적 정책

④ 최저임금법과 최저생계비법(이재명, 민주당의 사례)

어떤 이미지와 평판에 매력이나 호감을 느끼는가?

남녀 차이를 구별한 연구가 필요한 것으로 보인다.

태도의 강도가 선호나 증오로 나타나지 않는다면, 관심이 없거나 중립이거나 호감이나 비호감 정도의 태도를 보이는 20~30대에서는 태도 변화를 위해 여러 가지 노력을 할 수 있을 것이다.

최근에는 여성의 학력 신장과 자아 욕구에 따라 사회적 욕망이 커지고, 자녀를 1명 이하로 낳아서 기르면서, 예전하고는 다른 여성 정체성을 가지고 있다고 보이야 할 것이다.

그럼 20~30 세대의 정치적 태도에서 호감에서 비호감으로, 비호감에서 호감으로 태도를 바꾸는 요인은 무엇인지에 관한 조사나 연구가 필요할 수도 있다.

하지만, 20~30 세대는 얼마든지 태도를 바꾸면서 스윙보터 같은 성격적 특징을 가지고 있어서 확실히 진보라거나 보수라고 말할 수 없다.

그러므로, 끊임없는 정치가의 노력으로 정치적 태도를 호감이나 선호로 바꾸도록 노력해야 할 것이다.

20~30 세대의 정치적 태도 형성에 관한 AI 보고서

20~30 세대의 정치적 태도는 기성세대에 대한 반감, 사회적 불만, SNS 등 디지털 환경의 영향, 그리고 경제적 현실 인식이 복합적으로 작용해 형성된다.

주요 형성 요인은 다음과 같다.

① 사회 구조와 기성세대에 대한 불만: 20~30 세대는 취업, 주거, 소득 등 현실적 문제에 대한 불만이 크고, 기성세대가 이를 해결하지 못한다는 인식이 강하다. 현 정치·사회 구조에 대한 이들의 반감이 정치적 목소리를 키우는 배경이 되고 있다.

② 정치적 효능감과 SNS의 영향: SNS 등 디지털 플랫폼을 통해 다양한 정치적 정보와 의견을 접하며, 사회적 이슈에 대한 공감과 참여 의식이 높아졌다. 실제로 거리 집회나 온라인 시위 등 직접 행동에 나서는 사례가 늘고 있다.

③ 경제적 현실과 세대별 인식 차이: 20~30 세대는 경제적 불안정, 일자리 문제 등으로 인해 복지 확대나 증세에 대해

상대적으로 소극적인 태도를 보이는 경향이 있다. 2022년 대선에서 20대와 30대의 증세 의향은 각각 19.1%, 24.6%로 40대 이상에 비해 낮았다.

이처럼 20~30 세대의 정치적 태도는 사회적 현실, 세대적 경험, 디지털 환경의 상호작용에서 비롯되며, 기존 세대와 구별되는 독특한 정치적 성향을 보이고 있다.

제 7 장

민주주의 사회의 권력자들과 권력 게임

1

정치 선거에 개입하는
언론 권력자들

민주주의와 평가 구조론의 이해

우리는 민주 사회이고, 모든 권력은 국민으로부터 나온다고
한나. 하지만 실상은 정치 권력과 언론 권력의 결탁으로 인해서,
정치나 언론의 파워 엘리트로부터 나온다고 보아야 할 것이다.

대통령의 평가 권력

장·차관, 국영기업이나 공영기업, 특히 KBS나 연합뉴스 사장,
그리고 정부 출연 기관, 국립대학 총장, 국책연구원장 등등에 이

르는 인사권을 가지고 있다.

국회의원의 평가 권력

대통령의 정책을 국회에서 통과시키거나, 대통령의 인사가 국
회의 동의나 승인을 얻어야 하는 경우에 관여하는 권력이 있다.

언론 권력자들

언론을 통해 여론을 조성하고, 선거에서 자신의 언론이 미는
정치가를 권력자로 만들려고 한다. 미국에서는 여당과 야당지로
나누어서, 마치 포병 사령관의 명령에 의해 포 사격하듯이 언론
플레이들을 한다.

한국에서도 이와 유사하다. 보수 우파 신문과 좌파 진보 신문
들이 서로가 원하는 정치가를 권력자로 만들기 위해서 노력한다.

그런데 한 가지 주의할 점은 소위 프레임 정치라고 하는, 프레임을 만들고 프레임에 의한 언론 정치는 한계에 달했다는 점이다. 조선일보나 한겨레신문 같은, 정체성이 너무 확고부동한 신문은 더 이상 영향력이 확장되지 않는다는 점이다.

조선일보나 한겨레신문의 프레임이 너무 뻔하거나 식상해서 독자들이 안 보거나, 조선일보보다 조선비즈에 더 관심을 갖는다는 점이다.

그래서 오히려 중립 범위가 넓은 경향신문이나 중앙일보를 더 볼 가능성이 높다는 점은 확인이 필요하지만, 세상을 바라보는 프레임이 너무 뻔하고, 더 이상 정체성이 확장되지 않는 신문은 정말 문제가 있는 것으로 보인다.

그래서 세상을 바라보는 신문의 눈인 프레임이 너무 확고부동해서 정체성이 바뀌지 않은 신문은 퇴보한다는 점을 주장하고 싶다.

그래서 최근에는 유튜브나 SNS나 Human Communication이 오히려 설득력이 있고 정체성을 확장시키는 기능을 하는 것으로 보이며, 이러한 유튜브나 SNS나 Human Communication을 활용하는 것이 점차 민주주의 선거에서 중핵으로 작용하고 있으며, 앞으로는 더욱 중요한 선거 홍보의 수단이라고 믿어지고 있다.

　　　　　　　　　　　　　　　　행동정치학의 이해

2

프레임 정치(Frame-Politics)와
액자 소설(Frame-Novel) 드라마 작가론

우리가 일상적으로 프레임(frame)이라고 하면, 안경테(프레임), 자동차 프레임, 모니터 프레임 등이 연상될 것이다.

안경테에는 안경알이, 자동차 프레임에는 부품들이 들어간다. 일상적으로 우리는 이러한 것을 프레임이라고 말할 수 있다. 이미 프레임(frame)은 결정되어 있고, 기술자나 노동자들은 안경알이나 자동차 부품을 조립하면 되는 것이다.

흔히 정치계나 언론에서 '프레임을 만든다', '프레임을 덧씌운다', '이미지 프레임에 갇혔다'라고 흔히 말하는데, 우리는 어떻게 이해해야 할까?

예를 들어서 안경테를 생각해보면, 오너나 사장은 기술자들에게 안경알을 '파란색', 또는 '빨간색' 또는 '검은색'으로 바꾸라고 명령하거나 지시할 수 있다. 그리고 어떤 때에는 투명한 안경알로 갈아 끼우라고 명령한다.

흔히 가장 쉬운 예로, 정치인이나 정당에 대한 프레임(frame)을 생각해볼 수 있다.

세상을 바라보는 안경의 테는 고정되어 있고, 안경의 색깔을 다르게 조정함으로서 신문을 읽는 독자로 하여금 어떤 색깔의 정체성을 가진 정치인으로 편향되고 굴절된 시야를 갖게 함으로써 독자로 하여금 혼란을 일으키고 사실이나 진실과는 다른 정치가로 보이게 만드는 조율이나 조작을 할 수 있다는 점이다.

그리고 문제는, 일반적인 독자는 절대로 모르게 유연하게 우회적인 커뮤니케이션을 통한다면, 안경 프레임과 안경알의 색깔과 정체성은 절대로 파악할 수 없다는 점이 문제이고, 계속되는 프레임 뉴스나 기사는 진실이나 사실과 정반대로 유도된 정체성을 형성하게 만들어 비호감이나 혐오스러운 정치인을 만들 수도 있다는 점은 매우 유감이다.

제목(프레임)이 내용의 반이다. 편집에서 '제목이 반'이란 말이 있다. TV 뉴스 편집도 예외가 아니다. TV 뉴스 PD와 편집부 기자는 제목의 달인이 돼야 한다. TV가 영상과 오디오 중심의 미디어이긴 하지만 문자 제목 없는 TV 뉴스는 생각하기 힘들다.

TV 뉴스는 타이틀과 제목, 소제목이 아이템마다, 요소요소마다 들어가며 각을 만들고 날을 세워야 돋보이는 '언론'이기 때문이다. TV가 포털이나 모바일 등 뉴미디어들과 경쟁이 치열해지다 보니 아이템 메인 자막도 점점 커지고 선정적인 쪽으로 바뀌고 있다([네이버 지식백과] 제목 – TV 뉴스 편집, 2014. 4. 15., 김강석).

그러므로 제목에서 내용이 어떻게 전개될지 정답이나 모범답안을 가르쳐주는 경우가 대부분인 것으로 보인다. 그러므로 내용을 보다가 주제를 잘 모르는 경우 제목을 연상하면 될 것이다.

이러한 액자 소설이나 프레임 기사들은 처음부터 정답을 다 알려주고 시작하는 것이다. 그러므로 보기나 읽기가 편안한 것이다.

신문 헤드라인이나 서브라인, 광고 헤드카피나 서브카피 문안, 책 제목, 시 제목 등등이 이에 해당한다.

맺음말

결론적으로 우리가 국민의 마음을 알고 국민의 기대와 염원을 안다면, 국민을 위한 국민에 의한 국민의 정치가 가능할 것이라고 본다.

최근의 사회심리학 이론이 정치가나 정치심리학자에게 준 영향을 분석하고 이러한 이론과 정치심리학적 연구가 왜 필요한지에 대한 고민은 바로 국민을 위한 정치를 하기 위해서이고, 국민을 위한 정치를 하기 위해서는 국민에 의한 국민의 정치의 요체는 국민의 기대를 아는 데서 출발한다는 점이다.

그래서 다양한 사례와 다양한 시각에서 행동정치학의 요체인 국민의 기대대로 정치가들이 행동하고 국민을 만족시키는 정치를 위해서는 다양한 정치심리학적인 연구와 실패 사례를 살펴보는 것이 필요한 것이다.

행동정치학의 이해

사회심리학을 응용한 정치심리학은 국민의 행복과 불행의 원
인을 제거하고 더 나은 사회를 구성하려는 정치가나 정당 관계자
에 의해서 더욱 확장되고 응용될 수 있는 분야다.

확실하고 더 나은 사회를 만들기 위해 정치에 관심이 많은 정
치 신인들이나 국민들이 흥미롭게 행동정치학을 고민해볼 수 있
도록 하는 것이 이 책의 주요한 논지임을 밝힐 필요가 있다고 생
각한다.

진승범